DÉCISION

Relative à la prise du Navire le Winyau.

Du 17 Brumaire an 10.

AU NOM DE LA RÉPUBLIQUE FRANÇAISE,
UNE ET INDIVISIBLE.

LE CONSEIL DES PRISES, établi par l'arrêté des Consuls du 6 germinal an 8, en vertu de la loi du 26 ventôse précédent, a rendu la décision suivante :

Entre *Robert Steel*, capitaine du navire sous pavillon américain *le Winyau*, d'une part ;

Et les C.^{ens} *Chegaray*, armateurs du corsaire français *l'Abeille*, de la Rochelle, et *Justin Delpla*, armateur du corsaire français *l'Arriége*, de Bordeaux, d'autre part ;

Vu, &c.

Vu les conclusions du commissaire du Gouvernement, déposées cejourd'hui par écrit sur le bureau, et dont la teneur suit :

LE 5 nivôse an 8, le corsaire *l'Abeille* ayant rencontré *le Winyau*, lui tira deux coups de canon, sans que le navire répondît à la semonce. Sur un troisième, *le Winyau* arbora pavillon américain, sans diminuer de voiles ; et ce ne fut que sur deux autres coups tirés à

I.

boulet, que le navire mit en travers et que le capitaine vint à bord du corsaire, auquel il exhiba ses papiers, consistant en une lettre de marque des États-Unis, un *register*, un certificat de la douane, un connaissement, une instruction des États-Unis, un engagement des hommes de l'équipage, une lettre pour Londres, portant connaissement, facture et ordres à suivre par le capitaine, adressée à *Henry Tompson*; une instruction au capitaine pour se conformer aux ordres de *Henry Tompson*; un manifeste de la cargaison, portant destination pour Londres; une lettre de mer ou passe-port, et un compte courant.

Le capitaine capturé, interpellé de déclarer s'il avait d'autres papiers, répondit négativement, et déclara ne pouvoir signer le procès-verbal de capture, parce qu'il n'entendait pas la langue.

Le corsaire *l'Abeille* prit le capitaine du *Winyau* et douze hommes de son équipage sur son bord : il en laissa huit sur le *Winyau*, dont il établit *Pierre Macquer* chef de prise, auquel il laissa les papiers de la capture et cingla vers la Rochelle.

On voit par un certificat des officiers majors du corsaire *l'Abeille*, en date du 12 nivôse an 8, que s'étant aperçu que le capitaine capturé feuilletait des papiers, ils en prévinrent le capitaine du corsaire, qui ordonna de suite une nouvelle visite, d'après laquelle ils reconnurent que le navire venait de Bombay; qu'il n'avait passé à New-York, que pour prendre des papiers américains, quoiqu'ils n'eussent rien trouvé qui eût rapport à ce voyage, dans ceux envoyés par la prise, malgré la demande qui avait été faite au capitaine capturé de tous ses papiers.

Les pièces nouvellement découvertes étaient une lettre de Londres du 24 septembre 1798, signée *Robertson*, à l'adresse du capitaine *Steel*, capitaine du *Winyau*;

Une adresse de différens correspondans dans les ports de Fernambuc, de la baie de tous les Saints, de Ric-Janeyro et Goa;

Une facture d'épiceries vendues au capitaine *Steel*, en date du 25 juin 1799, à Bombay;

(3)

Enfin un manifeste de son chargement, paraissant avoir été pris à New-York pour Londres.

Dans l'intervalle de la première capture à cette découverte, les marins français mis à bord de la prise avaient cessé d'en être les maîtres; ils avaient été mis aux fers par l'équipage du *Winyau,* qui prit alors la route de l'Angleterre. Il fut rencontré le 8 nivôse par le corsaire français *l'Arriége,* qui lui donna chasse, le fit amener, et le fit conduire à Brest, où la première instruction se fit devant le juge de paix.

Il résulta d'une déclaration de *Jean-Baptiste Leclerc,* matelot du corsaire *l'Abeille,* témoin produit par l'un des armateurs de *l'Arriége,* que le corsaire *l'Abeille* avait capturé *le Winyau* le 5 nivôse; que le commandement en avait été confié à *Pierre Macquer,* l'un des premiers lieutenans du corsaire, avec treize hommes de son équipage; que le 7 nivôse, six hommes et un mousse du *Winyau,* laissés à bord par les capteurs, profitèrent du moment où les Français étaient assoupis, pour entreprendre une révolte; qu'en conséquence, ils fondirent sur le déclarant qui était alors à la barre, lui donnèrent des coups sur la tête et le traînèrent par les cheveux, tandis que d'autres, armés, comme les précédens, de pistolets et de sabres, fermèrent la porte du rouffe où était l'équipage. Ils tirèrent un coup de pistolet, en les menaçant de leur brûler la cervelle s'ils sortaient, et leur demandèrent s'ils voulaient se constituer prisonniers; à quoi ledit équipage déclara consentir : que s'étant ainsi assurés de l'équipage, ils allèrent dans la chambre, et mirent le capitaine *Macquer* et son second aux fers, et successivement tout l'équipage deux à deux; que le lendemain, 8 dudit mois, vers les sept heures et demie du matin, ils entendirent lesdits Américains crier navire qui les chassait; que vers les neuf à dix heures, les Américains croyant que c'était un bâtiment de leur nation, se réjouirent en criant *huzza !* et arborèrent pavillon américain; que le bâtiment qui les chassait ayant tiré un coup de canon, les Américains amenèrent pavillon, et ne reconnurent le bâtiment pour français qu'après lui avoir hélé

2

qu'ils venaient de New-York et qu'ils allaient à Falmouth en Angleterre, chargés de coton; qu'au même instant ils aperçurent le pavillon
français, et qu'alors le capitaine *Macquer* arracha le porte-voix des
mains du second américain, et héla audit bâtiment qu'il était
une prise du corsaire *l'Abeille*, dont les Américains s'étaient rendus
maîtres la veille; et ayant reconnu ledit bâtiment pour être le
corsaire *l'Arriége* de Bordeaux, ledit *Macquer* demanda main-forte
au capitaine *Henry* qu'il avait reconnu; que celui-ci s'empressa de
faire mettre son canot à la mer; qu'alors le second capitaine descendit
briser les fers des Français; que les officiers du corsaire étant arrivés
à bord de ladite prise, ils s'en emparèrent, et traduisirent deux
Américains et deux Français, dont le déclarant fut du nombre, à
bord du corsaire.

Le 23 nivôse, le corsaire *l'Abeille* fit procéder, à la Rochelle,
où il était arrivé, à l'interrogatoire des hommes de l'équipage du
Winyau qu'il avait mis à son bord.

Il résulta des réponses du capitaine, qu'il s'appelait *Robert Steel;*
qu'il était natif de New-York; qu'il commandait le *Winyau* depuis
deux ans; qu'il n'avait point à répondre sur ses précédens voyages;
que dans celui-ci, il était parti de New-York pour Falmouth; que
John-Henry Tompson était propriétaire et armateur du navire; qu'il
devait prendre ses ordres à Falmouth, du consul, qui lui indiquerait
à qui il devait s'adresser, et sa destination ultérieure; qu'il n'avait
pu arborer son pavillon qu'au second coup de canon, parce qu'il
était engagé dans les poulies; qu'il n'avait reconnu de boulet qu'aux
deux derniers coups de canon; que ses canons avaient toujours été
détapés; qu'il était toujours prêt; qu'il avait à son bord, de la poudre
et du canon pour cela; qu'il avait dix canons, beaucoup de poudre,
environ six ou sept barils; qu'il n'avait point donné d'ordre pour
engager l'action, mais que les mèches étaient allumées sur le pont
pour tirer si c'eût été nécessaire; qu'au surplus il ne se rappelait
pas le contenu des lettres de marque ni des instructions officielles.

Il reconnut avoir remis les quatre pièces trouvées après la capture, et qu'on lui avait rendues comme n'étant pas utiles ; il dit n'avoir pas de rôle d'équipage signé par un officier public.

William Grant, matelot, natif de la Caroline, déclara qu'il s'était embarqué à New-York, le 18 novembre dernier, répondant au 27 brumaire an 8 ; qu'il savait seulement que le navire était armé de dix canons, et qu'il y avait une caisse d'armes contenant des fusils, des sabres et des pistolets ;

Il dit que le capitaine avait donné l'ordre de tenir les canons préparés et les mèches allumées pour se battre ; que le navire avait amené son pavillon après le troisième coup de canon, jugeant qu'il n'avait pas assez de monde pour se battre, et que le corsaire était trop fort pour eux, d'après l'avis de l'équipage ; qu'ils étaient vingt-un hommes d'équipage ; qu'il n'avait reconnu que trois Américains parmi les hommes de l'équipage ; présumant que les autres étaient Danois ou Suédois.

John Hardi, matelot, dit qu'il s'était embarqué en novembre 1799, sur *le Winyau;* qu'il ne savait pas combien il y avait de temps que le navire était à New-York, mais que pendant tout le temps qu'il y avait été, les panneaux et écoutilles n'avaient pas été ouverts, y étant arrivé avec le même chargement qu'il avait à présent à bord ; qu'il ne savait pas où il l'avait pris.

Interpellé comment il savait que le navire était arrivé chargé à New-York, il répondit qu'il était à New-York lors de l'arrivée du navire ; qu'il avait été plusieurs fois à bord, depuis son arrivée jusqu'à son engagement ; et qu'il était certain par-là que le navire n'avait pas été ouvert pendant son séjour à New-York ; qu'il ne connaissait point les propriétaires du navire et de la cargaison ; qu'il savait seulement que le propriétaire du navire était de New-York ; que *le Winyau* était parti de New-York le 24 novembre ; qu'à l'approche du corsaire, il avait reçu l'ordre du capitaine de détaper ; charger et amorcer les canons, de rendre les batteries libres pour le combat, et de tenir les mèches allumées. Le reste de sa déposition fut confirmatif des précédentes. Il ajouta que les matelots du précédent

3

voyage étaient restés à New-York, ayant fait un voyage de douze mois dont la destination avait été pour Bombay, à ce qu'ils lui avaient dit.

Peter Gilles, natif de New-York, remplissant les fonctions de maître canonnier, dit qu'il s'était engagé le même jour que les autres; qu'il ignorait quel avait été le précédent voyage du navire, n'étant arrivé audit lieu que depuis peu de jours; qu'il avait seulement ouï dire que le navire était arrivé chargé de Bombay, avec la même cargaison qu'il avait, mais qu'il n'en avait personnellement aucune certitude. Le reste de sa déposition fut, à quelques circonstances indifférentes près, conforme à celles des autres témoins. Il dit seulement, sans l'affirmer, que le mousse qui était avec le capitaine, était Anglais.

Daniel Bookens, natif de New-Castle, dit que le navire était chargé lorsqu'il y était entré pour la première fois; qu'il croyait qu'il avait alors la cargaison qui était actuellement à bord; qu'il avait entendu dire que le navire avait chargé à New-York; que la navire était chargé depuis deux semaines au plus, quand il était parti de New-York; qu'il n'avait pas vu mettre la cargaison dans le navire, mais seulement qu'on ouvrait les panneaux le matin pour faire prendre l'air à la cargaison; que le navire et la cargaison appartenaient à *M. Tompson* de New-York; qu'on n'avait fait aucune disposition pour le combat; que les canons n'étaient pas détapés ni les mèches allumées; que tous les hommes de l'équipage, moins deux, étaient Américains.

Les hommes du *Winyau*, restés à bord du navire, furent entendus par le juge de paix de la commune de Brest, en présence des deux chefs de prise de *l'Abeille* et de *l'Arriége*.

William Adams, second capitaine, dit que le navire était de New-York; qu'il appartenait à *Jean-Henry Tompson*; qu'il ignorait où le navire avait été construit; qu'il croyait que la cargaison appartenait au propriétaire du navire; qu'il avait mis en mer le 24 novembre, en destination pour Falmouth; qu'il ignorait d'où provenait le coton composant la cargaison ; qu'il avait été embarqué à New-York, d'un magasin.

Interrogé comment il se faisait que le grément du navire étant composé, en partie, de cordages de l'Inde dits *bastingues* ou *pitres*, il avait armé à New-York ; il répondit qu'il l'ignorait ; qu'il était possible que le navire eût été dans l'Inde ; mais qu'il n'y avait pas été de ce voyage ;

Qu'il y avait primitivement vingt-deux hommes à bord, et que le maître d'équipage était mort dans la traversée ;

Que lors de la capture du navire par *l'Abeille*, ils étaient restés sept à bord ; qu'ils s'étaient révoltés, rendus maîtres de leur navire, et avaient mis les Français aux fers , parce qu'ils avaient entendu dire qu'on traitait fort mal les Américains en France ;

Qu'ils faisaient route au Nord pour se rendre à Falmouth ; qu'on avait tiré un coup de pistolet pour effrayer les Français ; que tout était prêt pour le combat, mais que le capitaine n'était pas disposé à se battre ; qu'après la révolte ils étaient restés maîtres de leur navire pendant quatorze heures ; qu'ayant eu connaissance d'un autre corsaire qui les chassait, il avait retiré les Français des fers, et préféré de remettre les papiers au capitaine du corsaire *l'Abeille ;* que c'était après le coup de canon de *l'Arriége*, et après avoir amené le pavillon américain, qu'il avait remis les papiers au capitaine de prise de *l'Abeille*, lesquels il s'était fait remettre le lendemain de la révolte ; que les Français étaient libres depuis demi-heure, lorsque *l'Arriége* les avait amarinés ; qu'ils avaient été mis aux fers par *l'Abeille*, une demi-heure avant que la chaloupe de *l'Arriége* fût arrivée ; que c'était lui qui avait ordonné d'amener pavillon après le coup de canon de *l'Arriége* et avant qu'on les eût mis aux fers ; qu'il avait remis les papiers au chef de *l'Abeille*, à condition que si le bâtiment qui l'avait fait amener était anglais ou américain, il les lui rendrait pour prouver qu'il était maître de son navire.

Il reconnut l'intégrité des papiers remis ; et il répondit d'une manière évasive lorsqu'on lui demanda s'il avait fait le voyage de l'Inde.

4

Peter Petersen dit qu'il croyait que le navire appartenait à *Tompson;* qu'il ignorait à qui appartenait la cargaison ; qu'il avait entendu dire à des matelots qui étaient chez la même hôtesse que lui, que le navire était de retour de l'Inde; que le même capitaine le commandait, mais que le second n'y était pas ; que la révolte avait été suscitée par le second; que l'équipage de *l'Abeille* avait été renfermé et mis aux fers; que le navire faisait route pour le premier port d'Irlande; qu'ils en avaient été empêchés par *l'Arriége* qu'ils avaient pris pour *l'Abeille ;* que les Français avaient été relâchés après le coup tiré, excepté le capitaine et le second, qui étaient en liberté avant;

Que le second capitaine commandait le navire, lors du coup de semonce de *l'Arriége ;* et qu'un instant après, il remit le commandement au capitaine français.

John Barr, apprenti à bord, dit qu'il avait entendu dire que le chargement était en coton; qu'il était destiné pour Falmouth; que les hommes de *l'Abeille* avaient été mis aux fers; que les armes servant à la révolte, avaient été tirées d'une caisse d'armes qui était à bord ; qu'on avait aperçu *l'Arriége* vers les huit heures du matin; qu'on était occupé à relâcher les hommes mis à bord, lorsque *l'Arriége* avait tiré son coup de canon; que lors de la reprise, c'était le second américain qui commandait ; et qu'à l'instant du coup de canon, il avait laissé le commandement au capitaine de *l'Abeille ;* qu'il y avait demi-heure que les Français étaient en liberté lorsque la chaloupe de *l'Arriége* avait abordé *le Winyau.*

James Warren , charpentier, dit que le navire appartenait à *Tompson* de New-York ; mais qu'il ne savait pas à qui appartenait la cargaison; qu'il savait que le navire allait à Falmouth; que le navire était arrivé de l'Inde, environ trois semaines avant son départ de New-York; qu'il ignorait de quel port de l'Inde; mais qu'il était arrivé à New-York, chargé de la même cargaison qu'il avait maintenant à bord; qu'il était commandé par les mêmes capitaine et second ; que le mousse actuellement à bord, avait fait le voyage de l'Inde; que le navire n'avait changé ni de pavillon ni de nom;

qu'après la révolte, le navire faisait route pour l'Irlande, où il serait arrivé si *l'Arriége* ne l'en avait empêché ; qu'on était occupé à mettre les Français en liberté lorsque *l'Arriége* avait tiré le coup de canon ; que les Français étaient libres depuis demi-heure, lorsque la chaloupe de *l'Arriége* avait abordé *le Winyau.*

John Malori, tailleur et maître d'hôtel à bord du *Winyau*, dit que le navire était de New-York ; qu'il appartenait à *Henry Tompson ;* mais qu'il n'avait aucune connaissance de la cargaison, attendu que le navire était chargé avant son embarquement ; que le navire était parti de New-York, en destination pour Falmouth ; qu'ils avaient amené le pavillon, parce qu'ils avaient pris *l'Arriége* pour *l'Abeille ;* que le capitaine de prise de *l'Abeille* avait dit alors au second du *Winyau :* « Vous feriez bien de me donner mes papiers et mon équipage, parce que c'est mon corsaire. »

Le juge de paix ayant été prévenu qu'il sortait de la fumée par le panneau du devant du *Winyau*, se transporta sur le navire, où il trouva en effet de la chaleur sur le panneau. Après les opérations que la prudence commandait, on reconnut qu'il existait une forte chaleur dans les balles de coton, ce qui fit présumer que le navire était chargé depuis long-temps, et que la fermentation devait être plus forte dans le fond qu'à la superficie. Le juge de paix arrêta, en conséquence, qu'il serait procédé au déchargement du navire pour prévenir les inconvéniens qui pourraient en résulter.

La question de la validité de la capture fut portée au tribunal de commerce de Brest.

Les capteurs soutenaient concurremment que *le Winyau* venait de l'Inde ; qu'il était propriété anglaise et chargé dans les possessions anglaises ; qu'il n'avait relâché à New-York que pour y prendre un manteau neutre : ils s'étayaient d'une lettre du 25 décembre 1798, écrite de Londres au capitaine *Steel*, alors à Portsmouth, par laquelle, après plusieurs instructions relatives à son voyage, on lui dit, *Pour ce qui concerne la réserve de vos gages, envoyez-la à M.* Tompson, *toute remplie dans mon nom ; je solderai cette affaire avec lui. A tout événement , rien ne sera négligé par moi pour venir à votre secours ;*

D'une facture d'épiceries chargées à Bombay le 25 juin 1799;

D'un livret contenant copies de plusieurs lettres de *William Adams* , second du *Winyau* , portant qu'après un voyage de quinze mois , le navire était arrivé à New-York. Ils s'étayaient sur-tout des réponses de l'équipage capturé , pour prouver que le navire venait de Bombay; qu'il n'avait pas été déchargé à New-York, et que les pièces de bord qu'il y avait prises étaient simulées.

Le capitaine *Steel,* qui avait refusé de répondre aux interrogatoires sur les premiers voyages, disait que tous ses papiers étaient en règle; que la neutralité du navire et de la cargaison était prouvée.

Le tribunal de commerce, statuant sur la capture, prononça la confiscation du navire et de la cargaison, par jugement du 8 germinal an 8 ; et comme les armateurs de *l'Abeille* et de *l'Arriége* se disputaient la prise, il renvoya à statuer sur cette question.

Le capitaine du *Winyau* appela de ce jugement; et c'est en l'état de son appel que le Conseil fut institué.

Le traité du 8 vendémiaire an 9 intervint entre les deux puissances, pendant les débats des parties sur la validité ou l'invalidité de la prise. Les clauses de cette convention ont déterminé les parties à modifier leur système de défense, dont je ne vous présenterai qu'une analyse rapide, puisque leurs mémoires respectifs ont été abondamment distribués aux membres du Conseil.

Le Winyau , disent les corsaires , était à la tête de ceux qu'on ne se donnait pas même la peine de défendre avant le traité du 8 vendémiaire an 9.

Caractère anglais, lettre de marque, instruction hostile, rôle de combat dressé, mèches allumées, capture par *l'Abeille* , révolte de l'équipage, Français mis aux fers ; tout sollicitait la confiscation du navire et de la cargaison.

Le traité du 8 vendémiaire a tout pardonné aux Américains ; mais plus l'indulgence du Gouvernement français a été grande, plus il importe qu'elle ne s'applique qu'aux bâtimens réellement américains; et *le Winyau* ne l'est point.

La propriété du navire est anglaise; les pièces de bord qui établissent la propriété américaine, sont simulées : elles ont été surprises aux autorités des États-Unis.

Une lettre du 25 novembre 1798, une facture d'épiceries datée de Bombay, les réponses de l'équipage constatant que le navire n'a point déchargé à New-York, qu'il n'y a pas pris un chargement nouveau, sont, pour les corsaires, des preuves que le navire était parti d'Angleterre pour y revenir avec la cargaison de Bombay; que le navire appartenait à des Anglais; que n'ayant point eu de chargement à New-York, les pièces qui constataient le prétendu chargement étaient conséquemment simulées.

Les corsaires, après avoir cherché à établir la preuve que le navire venait de Bombay, soutiennent, d'après le traité du 19 novembre 1794 entre l'Angleterre et les États-Unis, que les Américains n'ont la permission d'exporter des marchandises de Bombay que sur le territoire des États-Unis, et non ailleurs; d'où ils concluent que *le Winyau* venait directement d'Angleterre, n'avait fait que relâcher à New-York, et ne pouvait être qu'anglais.

Ils invoquent encore, à l'appui de ce raisonnement, le dernier article de la lettre de *Robertson,* la facture d'épiceries datée de Bombay, une lettre d'avis de *John Tompson* à *Henry Tompson* à Londres, un *post-scriptum* à cette lettre, portant que *Tompson* d'Amérique a tiré sur *Tompson* de Londres, en faveur du capitaine *Steel,* pour 14,500 liv. pour la totalité des avaries, chapeau, &c. : d'où ils déduisent la conséquence que les pièces expédiées à New-York étaient simulées; que le *Tompson* d'Amérique ne pouvait pas être propriétaire du navire, puisqu'il en faisait payer les avaries au *Tompson* de Londres; que le *Tompson* d'Amérique n'est que le plastron d'un Anglais.

J'abrége l'analyse de ces moyens, plus amplement discutés dans les nombreux mémoires des corsaires.

Pour y répondre, le capitaine capturé invoque la convention du

6

8 vendémiaire et les nombreux diplomes des États-Unis dont le navire était porteur ; il dit qu'un nouveau voyage a réellement commencé à New-York ; que tout constate que le navire est de fabrique américaine et de propriété américaine, ainsi que la cargaison ; qu'aux termes de la convention, il n'aurait besoin que d'un passe-port et d'un certificat de cargaison; qu'il a, de plus, un *register* établissant que *John Tompson* de New-York est le vrai propriétaire du navire;

Qu'une facture, un connaissement, un manifeste, des instructions au capitaine, démontrent la propriété de *John Tompson ;* que les lettres de marque sont une preuve de plus de la nationalité du bâtiment, de celle du capitaine de l'équipage, et de la sincérité de toutes les pièces de bord; qu'il y a plus que de la hardiesse à s'insurger ainsi contre l'expression univoque des papiers de bord les plus authentiques ; qu'on ne peut pas accueillir la suspicion contre l'expression affirmative des diplomes américains ; que ce serait faire plus que d'accuser nos alliés, ce serait les déclarer convaincus de parjure, d'infidélité, et coupables de faux; que ce serait briser le pacte d'alliance nouvellement souscrit;

Que c'est d'ailleurs très-improprement qu'on soutient que le voyage a commencé dans un port anglais en 1798, parce qu'il ne se trouvait en Angleterre qu'*en passage*, et en expédition de New-York ; qu'allant à Bombay, il n'avait que poursuivi la route tracée par les armateurs américains; que revenu de Bombay à New-York, il y avait remis ses premières expéditions pour en prendre de nouvelles; que les propos de quelques matelots enrôlés et séduits par le corsaire, ne peuvent pas détruire l'autorité de pareils documens; que le renouvellement des papiers de bord, et sur-tout du permis de navigation, signalent un voyage nouveau; que la destination était pour *Falmouth,* ou *un marché* alternativement ; que la destination nécessaire n'était donc pas pour l'Angleterre, où le navire pouvait d'ailleurs aller d'après les réglemens.

Le capitaine capturé discute ensuite les articles XI, XII et XIII du traité des Anglais avec les Américains; il fixe la localité de Bombay, et conclut, d'après l'article XIII, que les navires américains avaient le droit d'y faire le commerce avec un bâtiment de trois cent trente tonneaux, puisque cette capacité n'est pas exclue par cet article.

Telle est, citoyens magistrats, l'analyse succincte des mémoires et des systèmes respectifs des parties.

Quant à mon opinion particulière, il me semblerait que tout devrait se réduire à la double question suivante :

Le Winyau était-il américain et chargé à New-York ? N'était-il pas plutôt anglais et chargé à Bombay ?

Ces points de fait me paraîtraient être les seuls à discuter, à moins que l'article IV de la convention du 8 vendémiaire an 9, ne forçât le Conseil à considérer un fait qui serait faux et démontré tel, à considérer, dis-je, ce fait comme incontestable, parce qu'il serait consigné dans des pièces qui sont les seules preuves exigées par cette convention.

Je commence par assurer le Conseil que tous les papiers qui constituent ce qu'on appelle pièces de bord, sont parfaitement en règle, et remplissent bien au-delà les dispositions de la convention du 8 vendémiaire an 9.

Ces pièces n'ont pas été critiquées, et véritablement ne peuvent pas l'être, quant à la forme et à l'authenticité.

Et en effet, quelles preuves a exigées cette convention pour constater des propriétés américaines ou françaises ?

De part et d'autre, dit l'article IV, *les preuves de propriété relativement aux navires marchands, seront un passe-port dans la forme suivante, &c. &c. ; et le passe-port suffira nonobstant tout réglement contraire.*

Par rapport à la cargaison, les preuves seront des certificats contenant le détail de la cargaison, du lieu d'où le bâtiment est parti, et celui où il va &c.

Ce texte paraît clair, précis, impératif ; et on peut raisonnablement en conclure, que dès qu'un navire voyage sous un passe-port délivré par le gouvernement des États-Unis, dès que des

porte cette phrase remarquable : *Pour ce qui concerne la réserve de vos gages, envoyez-la à M.* Tompson *toute remplie et dans mon nom; je solderai cette affaire avec lui. A tout événement, rien ne sera négligé par moi pour venir à votre secours.*

Cette lettre contient des instructions relatives à la conduite du capitaine pendant sa navigation. Peut-elle être considérée comme la lettre d'un ami? doit-elle l'être comme celle du propriétaire du navire? Il faut convenir que cette seconde considération l'emporte sur la première; car, outre la formule de *cher monsieur*, qui n'est pas celle de l'amitié, il n'est pas question de secours, mais de solder des gages, ce qui est un devoir d'obligation et non d'affection.

Le mot *gages* suppose convention, contrat d'engagement de maître au capitaine; et il résiste à la raison que *Robertson* paye les gages d'un homme qui n'est point à son service : or, si *Steel* était son capitaine, le navire qu'il montait était donc la propriété de *Robertson.*

Ce navire partant, sur son lest, d'Angleterre pour prendre un chargement à Bombay, s'y rendit en effet; et c'est encore un point de fait incontestable, prouvé non-seulement par la facture du 25 juin 1799, datée de Bombay, mais encore par les lettres de *William Adams*, portant que depuis son départ de Londres pour Bombay, ce navire est enfin de retour à New-York, après un voyage de quinze mois. Cette preuve est étayée par les déclarations de quelques hommes de l'équipage, qui ont entendu dire que le navire venait des Indes, et même par le refus du capitaine de répondre sur cette partie de son voyage.

Il est vrai que *William* prétend n'avoir écrit les lettres que pour s'amuser, excepté une lettre d'amour qu'il dit avoir fait écrire; mais c'est précisément dans ses lettres d'amour que *William* parle de son retour de Bombay, d'où ils sont, dit-il, arrivés le 10 novembre ou 30 novembre, après un voyage de quinze mois.

Il est encore vrai qu'on qualifie ce *William* d'enfant; mais ce ne peut être là qu'une plaisanterie déduite de son style épistolaire;

puisque *William Adams,* âgé de vingt-sept ans, était capitaine en second du navire.

William Adams pouvait être jeune en style ; mais ses réponses aux interrogats ne prouvent pas qu'il fût jeune en ruse ; car il nie avoir été dans l'Inde, et il se déclare l'auteur de la révolte.

Il est donc certain que le navire a été à Bombay, et on ne peut pas résister aux preuves démonstratives de ce fait.

Le navire avait-il droit d'aller à Bombay ? Oui sans doute, comme anglais, et même comme américain, d'après l'article XIII du traité d'amitié, de commerce et de navigation, entre sa Majesté britannique et les États-Unis d'Amérique, fait le 19 novembre 1794 : la seule différence est que les vaisseaux des États-Unis ne pouvaient exporter des Indes orientales que dans les ports ou places d'Amérique, tandis que les Anglais avaient pleine liberté d'exportation.

Il ne s'agit donc pas d'argumenter de l'article XII de ce traité, non-seulement puisqu'ayant été suspendu il doit être considéré comme non existant, mais bien encore parce qu'il ne parle que des Indes occidentales ; il faut, au contraire, argumenter de l'article XIII, d'où il résulte positivement que les Américains ne pouvaient exporter que dans les ports et places de l'Amérique, ce qu'ils prendraient dans les Indes orientales, où se trouve Bombay.

Le navire était allé d'Angleterre à Bombay, de Bombay il était arrivé à New-York. S'il était anglais, il pouvait relâcher et passer ; s'il était américain, il devait y décharger d'après le traité, sans pouvoir se permettre d'aller vendre en Angleterre.

Suivant les lettres de *William Adams,* il est arrivé à New-York le 10 novembre 1799, date essentielle à remarquer.

Cependant toutes les pièces de bord constatant le voyage d'Angleterre à Bombay disparaissent, et de nouvelles pièces leur sont substituées.

La première de ces pièces nouvelles est un *register portant que* John Tompson, *de New-York, a juré être seul propriétaire du* Winyau *de New-York, sur lequel est actuellement maître* Robert Steel; *que le*

navire a été construit à South-Island en 1795; suivant le register n.° 9,
sorti du port de Charlestown le 3 février 1798, actuellement annullé,
la propriété étant changée.

Je ferai remarquer au Conseil, outre le contenu de cette pièce,
qu'elle est sous la date du 9 novembre 1799, c'est-à-dire, d'après
la lettre de *William Adams*, à une date antérieure d'un jour à
l'arrivée du navire.

Or, je le demande, comment *Tompson* a-t-il pu acheter un navire
avant son arrivée, et sans l'avoir vu? comment justifie-t-il de cette
acquisition? l'a-t-il acheté avec ou sans la cargaison? quel est le titre
qui constate la construction réelle du navire en Amérique? quel en
était le propriétaire vendeur? Rien ne l'apprend, sinon sa propre
déclaration au bureau de l'enregistrement.

Il faut convenir que si c'est ainsi que se forment en Amérique
les titres de propriété, on n'y est pas difficile sur les formes.

Du 11 novembre, engagement de l'équipage; du 21 novembre,
facture de onze cent neuf balles de coton.

Du 20 novembre, lettre de marque, manifeste, connaissemens,
déclaration à la douane, certificat de santé et passe-port; enfin du 23,
départ du navire.

En sorte que voilà une vente de navire, un engagement de
matelots, un chargement de cargaison, une expédition de papiers
de bord, tout cela dans l'espace de treize jours.

Cela peut s'appeler une expédition un peu leste pour un navire
qui avait quinze mois de navigation, et qui devait avoir nécessai-
rement besoin de réparations.

Quand je dis qu'il devait avoir besoin de réparations, je ne le
dis pas seulement par rapport à l'intervalle du temps, mais parce
qu'il existe parmi les pièces de bord les preuves d'un emploi de
14,500 liv. pour avaries et chapeau.

Qu'il me soit permis de m'arrêter un instant sur toutes ces circonstances.

Je remarquerai, 1.° que *John Hardi*, embarqué en novembre 1799,

déclare ne pas savoir depuis quel temps le navire était à New-York;
mais que pendant tout le temps qu'il y avait été, les panneaux
et écoutilles n'avaient pas été ouverts, y étant arrivé avec le même
chargement qu'il avait à présent à bord; qu'il ne sait pas où il l'a
pris; qu'il était à New-York lors de l'arrivée du navire; qu'il a été
plusieurs fois à bord depuis son arrivée jusqu'à son engagement;
qu'il ne connaît point le propriétaire du navire et de la cargaison;
qu'il sait seulement que le propriétaire du navire est de New-York.

   Peter Gilles a ouï dire que le navire était arrivé chargé, de
Bombay, avec la même cargaison; mais il n'en a personnellement
aucune certitude.

   Daniel Bookens dit que le navire était chargé lorsqu'il est entré
la première fois; qu'il avait, à ce qu'il croit, la cargaison qui est
à bord actuellement; qu'il a entendu dire que le navire avait chargé
à New-York, et qu'il y avait deux semaines au plus que le navire
était chargé quand il est parti de New-York; qu'il n'a pas vu mettre
la cargaison dans le navire; mais seulement qu'on ouvrait les panneaux le matin, pour faire prendre l'air à la cargaison; que le navire
et la cargaison appartiennent à M. *Tompson,* de New-York.

   Presque tous les hommes de l'équipage assurent, comme vous
voyez, que la cargaison était la même que celle venue de l'Inde.
Il en est parmi eux qui ont vu ouvrir les écoutilles pour faire
prendre l'air à cette cargaison; mais aucun d'eux n'a vu charger le
navire, quoique le contrat d'engagement soit du lendemain de l'arrivée
du navire, et du surlendemain de son enregistrement sous la propriété
de *Tompson.*

   Si, à ce témoignage presque uniforme, on réunit l'identité de date
de toutes les nouvelles pièces de bord; si l'on considère que le navire
est parti le 24 novembre, et, selon la déclaration d'un des hommes
de l'équipage, qu'il était chargé au moins deux semaines avant le
départ; si l'on calcule d'ailleurs l'impossibilité, vraiment physique,
de charger onze cent neuf balles de coton, outre le lest du navire,
dans l'intervalle de son arrivée à celui de son départ, on se convaincra

que le navire n'a pas été chargé à New-York, et qu'il en est parti avec le chargement pris à Bombay.

Et si le navire est parti de New-York pour l'Angleterre avec sa cargaison de Bombay, que deviennent les pièces de bord constatant le chargement fait à New-York? N'est-il pas démontré qu'elles ont été surprises aux autorités des États-Unis, par l'interposition frauduleuse de *Tompson*, qui s'est supposé propriétaire du navire, pour obtenir un *register* et des expéditions américaines, pour cacher, sous ce titre respectable, une propriété vraiment anglaise, et la sauver, en cas de rencontre, des mains des corsaires français.

Si la propriété avait été américaine, le déchargement aurait dû s'opérer en Amérique, d'après l'article XIII du traité du 19 novembre 1794; si le navire n'y a point déchargé, il était donc anglais, et ce n'est que par la crainte des corsaires français que *Tompson* a abusé la religion des autorités locales pour simuler la propriété.

Mais, dit le capitaine capturé, quand bien même je serais coupable d'infraction aux traités, comme Américain, ce n'est point aux Français à me punir d'avoir fait fraude aux Anglais.

A la bonne heure; mais, de cet aveu, j'en déduis une conséquence aussi simple que naturelle.

C'est que toutes les pièces de bord sont obreptices et subreptices, puisqu'elles ont été accordées sur un faux exposé, et pour un chargement fait à New-York, tandis qu'il était réellement fait à Bombay.

D'ailleurs, cette interprétation ne s'accorde point avec les caractères particuliers de propriété réellement anglaise dont le navire est imprégné.

Rien n'en prouve la fabrique américaine; la simple déclaration d'enregistrement est l'ouvrage de *Tompson*. Cette déclaration est antérieure à l'arrivée du navire; elle est visiblement fausse.

La lettre de *Robertson* prouve qu'il était propriétaire du navire; elle prouve que *Steel* était son capitaine, puisqu'il en soldait les gages.

Il y a plus : *Tompson* lui-même oubliant son rôle de propriétaire, a fait allouer 14,500 liv. d'avaries, pour lesquelles il a tiré sur *Tompson*, de Londres, en faveur du capitaine.

D'après tous les auteurs, les avaries, de quelque nature qu'elles soient, sont à la charge ou du propriétaire du navire, ou de celui de la cargaison.

Tompson se dit propriétaire de l'un et de l'autre, et s'est pourtant fait rembourser le montant de ces avaries par le capitaine, pour lequel il a tiré sur *Tompson,* de Londres. Or, celui à qui on fait payer les avaries, est certainement censé le propriétaire, ou le représentant interposé du vrai propriétaire du navire et de la cargaison.

Cette conséquence acquiert un degré de force de plus, si l'on considère que le *Tompson* d'Amérique a demandé au *Tompson* de Londres un droit de commission de 12,000 liv.

Si *Tompson* d'Amérique était commissionnaire, il n'était donc pas propriétaire de la cargaison; cependant, s'il n'était pas propriétaire de la cargaison, il ne l'était pas davantage du navire : car, puisqu'il en a évidemment imposé sur la première, on peut soutenir hardiment qu'il en a imposé sur la seconde; et s'il n'était propriétaire ni de l'un ni de l'autre, il y a donc eu simulation; enfin, s'il y a eu simulation, ce n'est donc plus le cas d'appliquer à la prise du *Winyau,* la faveur rétroactive accordée aux Américains par le traité du 8 vendémiaire an 9.

Je le répète, la fausseté des pièces légales est prouvée par les lettres particulières; elle est démontrée d'ailleurs par l'impossibilité physique d'avoir acheté, équipé et chargé *le Winyau* à New-York, dans l'espace de treize jours. Sous tous les rapports, *le Winyau* n'est donc pas une propriété américaine.

Plus il est facile d'abuser de la confiance qu'un Gouvernement croit devoir accorder à ses négocians, plus on doit accueillir, je ne dis pas les présomptions, mais du moins les preuves de supercherie que ceux-ci ont employée pour le tromper. Le Gouvernement des États-Unis de l'Amérique est certainement trop loyal pour ne pas s'indigner lui-même de la fraude et de l'imposture qui lui auraient arraché un passe-port pour couvrir la propriété anglaise.

Ainsi s'exprimait devant vous un de mes prédécesseurs.

J'ajouterai ces courtes réflexions aux siennes : Le Gouvernement américain doit sans doute attacher un grand intérêt à l'exécution de la convention de l'an 9; mais il ne peut pas vouloir que, sous le prétexte de cette convention, des Anglais soient traités par nous comme des Américains; il ne peut pas trouver mauvais que nous cherchions à découvrir notre ennemi, quand il se cache sous la livrée de notre allié.

Agir ainsi, ce n'est point manquer à nos engagemens; c'est les remplir au contraire; c'est donner au Gouvernement américain une preuve de notre amitié, puisque nous nous chargeons de punir, et que nous le vengeons nous-mêmes de l'injurieuse imposture qui lui a été faite.

La paix vient de renaître, à la vérité, pour la France et pour l'Angleterre, et la bonne intelligence va sans doute exister à jamais entre deux peuples faits pour s'estimer mutuellement et se faire respecter des autres; mais cette paix ne pourrait avoir d'effet rétroactif, ainsi qu'avec les États-Unis, qu'autant que les Gouvernemens respectifs en conviendraient formellement entre eux.

Dès qu'un pareil traité n'existe pas, toute prise anglaise antérieure à la paix est donc valable; et puisqu'il me paraît démontré que le *Winyau* en est une, je me crois fondé à requérir la confiscation du navire *le Winyau* et de sa cargaison.

Délibéré le 17 brumaire an 10. *Signé* GIRAUD.

Ouï le rapport du C.^{en} *Lacoste,* membre du Conseil,

LE CONSEIL, en donnant acte aux armateurs tant du corsaire *l'Abeille* que du corsaire *l'Arriége,* de leurs déclarations qu'au moyen des arrangemens par eux faits, il ne subsiste plus de contestation entre eux sur la question de savoir auquel des capteurs, en cas de validité de la prise, elle serait adjugée, ou pour quelle portion à chacun d'eux;

Faisant droit au fond, et adoptant les motifs exprimés

dans les conclusions du commissaire du Gouvernement, lesquelles renferment des raisonnemens tellement pressans, déduits des pièces de bord, qu'ils opèrent la conviction de la propriété anglaise du navire ;

Tout vu et considéré,

Décide que la prise du navire *le Winyau* est bonne et valable ; en conséquence, adjuge aux armateurs desdits corsaires *l'Abeille* et *l'Arriége*, tant ledit navire, ses agrès, ustensiles et apparaux, circonstances et dépendances, que les marchandises et effets de son chargement, pour le tout être vendu aux formes et de la manière prescrites par les lois et réglemens sur le fait des prises, et le produit net être remis aux armateurs et équipages desdits corsaires, prélèvement fait des droits attribués en faveur des invalides de la marine et des marins français prisonniers chez l'ennemi, par les lois des 9 messidor an 3 et 3 brumaire an 4, et par l'arrêté des Consuls du 7 fructidor an 8.

A quoi faire, tous gardiens, séquestres et dépositaires seront contraints, par toutes voies dues et raisonnables, même par corps; quoi faisant, déchargés.

FAIT le 17 brumaire, an 10 de la République française, une et indivisible. Présens les C.^{ens} BERLIER, *président ;* NIOU, MOREAU, LACOSTE, MONTIGNY-MONPLAISIR, PARSEVAL-GRANDMAISON, TOURNACHON, COLLET-DESCOSTILS, MAGNYTOT, tous membres du Conseil des Prises, séant à Paris, maison de l'Oratoire.

AU NOM DE LA RÉPUBLIQUE FRANÇAISE, il est ordonné à tous huissiers sur ce requis, de mettre la présente décision à exécution; à tous commandans et officiers de la force publique, de prêter main-forte lorsqu'ils en seront légalement requis; et aux commissaires du Gouvernement tant intérieurs qu'extérieurs, d'y tenir la main. En foi de quoi ladite décision a été signée par le président du Conseil et par le rapporteur.

Par le Conseil :

Le secrétaire général, signé CALMELET.

A PARIS, DE L'IMPRIMERIE DE LA RÉPUBLIQUE.
Frimaire an X.

www.ingramcontent.com/pod-product-compliance
Lightning Source LLC
Chambersburg PA
CBHW072026290326
41934CB00011BA/2890